찬양곡집

내가 산을 향하여

작곡 여경미

와이즈성가
Beyond Praise

내가 산을 향하여

———

"내가 산을 향하여…" (시편 121)
또 한권의 책을 내며 먼저 하나님께 감사와 찬송을 올려드린다.

최근 몇 년간 하나님과 더욱 깊은 교제를 나누며 말씀과 기도로 하나님을 알아 가는데 힘썼다. 그동안 얼마나 형식적이고 습관적인 모습으로 하나님 앞에 섰던가! 하나님께서는 철저히 나의 모습 그대로를 요구하셨고 결국 나의 본 모습을 마주하게 하셨다. 참담했다.

기도, 찬양, 삶에서 믿음이란 이름으로 치장한 껍데기 모두를 벗기셨다. 하나님께선 참 오랜 시간 집요하게도 내 내면에 칼을 대셔 대 수술을 하셨다. 참 힘든 시간을 보냈지만 결코 포기하지 않으셨고 결국 나를 무릎 꿇게 하셨다. 그리고 경험한 하나님의 위로와 회복, 주님 주신 평안은 참으로 놀라웠다. 삶의 가장 어려운 시간들을 보내고 있었지만 말씀과 기도로 하나님을 만나는 것이 너무 즐겁고 행복했다.
하나님은 성령님을 통해 끊임없이 많은 이야기를 하셨고 지나온 시간 켜켜이 쌓인 마음 안에서 해결되지 않았던 감정의 문제, 치유되지 않은 상처들을 대면하게 하셔 그것들을 용서하고 화해하며 회개하게 하셨다. 그 가운데 더욱 뜨겁게 만난 말씀 시편 121편, 그리고 지루하기 짝이 없는 구약의 말씀을 읽을 때 성령님께서 깨닫게 해주신 경험은 정말 귀한 간증이 아닐 수 없다. 영의 눈이 열리고 하나님의 섭리를 보게 되니 매일 매일이 경이로운 창조의 세계였고 시계 초침의 움직임만 봐도 바삐 움직여야 한다는 조바심으로 내 달리듯 살던 나에게 시간을 더 질서정연하게 보낼 수 있는, 하나님께서 주신 선물의 시간이 사명이 되어 즐거웠다. 지나온 시간에 대한 회고이며 나의 간증이 담긴 한편의 자작시이다.

〈찬양이 되었습니다〉

하나님이여!
봄을 가까이서 보고 싶었습니다.
무더위에 시끌벅적한 여름 바다를 가까이서 보고 싶었습니다.
가을에 잘 영글어 입을 벌린 밤송이도 아주 가까이서 보고 싶었습니다.
아무도 걷지 않은 눈 쌓인 시골 길, 겨울도 걸어 보고 싶었습니다.

유학시절 밤늦게 학교를 빠져 나오며 오케스트라의 웅장한 타악기 소리처럼
굉음을 울리며 닫히던 장엄한 철문소리, 그리고 마주한 아름다운 밤하늘을
꼭 보고 싶었습니다.

하나님이여!
가까이서 보고 싶었던 봄, 여름, 가을과 겨울이 찬양이 되었습니다.
꼭 가보고 싶었던 유학시절, 삶의 애환이 담긴 그 곳이 찬양이 되었습니다.

하나님이여!
집 안으로 들어오는 빛의 움직임을 어린 아이처럼 따라다니며 시간에 따라
움직이고 변하는 빛과 색이 저와 즐겁게 놀아주어 큰 위로가 되었습니다.

해질녘 창문 밖 저 너머로 바라다 본 한강의 저녁노을이
너무 아름다워 자주 울었습니다.
그것으로 되었습니다.
그렇게 나의 인생이 찬양이 되었습니다.

(2024년 9월의 어느 날)

  지나 온 모든 시간이 하나님의 은혜였다. 아브라함과 이삭과 야곱의 하나님을 소리
높여 부르며 유학을 떠나는 나의 머리에 두 손을 올려 축복하신 나의 아버지, 물질적
인 지원을 해주지 못하는 아버지가 해 줄 수 있었던 건 축복 기도 밖에 없었을 것이
다. 그 두 손에 담긴 간절함, 아브라함이 이삭에게 이삭이 야곱에게 축복하였듯 야곱
다음 아버지의 이름 그리고 나 여경미로 이어지는 축복 기도, 그 기도가 얼마나 큰 사
랑을 담은 축복인지 이제야 깨닫는다. 신앙의 유산을 물려주신 부모님께 감사드린다.

  지나오며 만난 모든 이들이 나의 스승이었고 은인들이었다. 그들이 나를 성장시켰
고 하나님께 더 가까이 나아가게 했다. 나를 환영해 주고 반겨주고 온화한 미소로 맞
아준 많은 사람들, 나를 참아주고 견뎌주고 품어준 모든 이들, 단절의 공간에서 가끔
나를 꺼내준 고마운 사람들, 호흡이 안 되던 때 사색이 된 나를 오래도록 모른 척 기
다려준 학생들, 이런저런 마음, 기도의 후원을 아끼지 않은 소중한 믿음의 친구들과
믿음의 공동체, 무엇보다도 사망의 음침한 골짜기에서 건져주시고 눈을 들어 산을 보
게 하신 하나님의 오래 참으심과 돌보심에 감사드린다. 재능을 주신 이를 존중하라!
내게 말씀하신 하나님의 음성에 순종함으로, 세련된 찬양과 훌륭한 작곡가들이 많은
이때 내 모습 그대로 이 책을 슬그머니 내 놓는다. 내가 하나님께 드릴 수 있는 작은
동전 한 닢이자 나의 연보이기 때문이다. 오직 하나님께 영광을!

                         2024년 9월의 끝자락에… 저자 여 경 미

목차

새 날을 주심을 감사

for S.A.T.B voices, accompanied

Words and Music by 여경미

신년예배

7

9

11

내가 주를 사랑합니다

for S.A.T.B voices, accompanied

Words and Music by 여경미

14

16

주의 선하심 찬양 주의 인자

함 찬양 소리 높여 주 이름

찬양합 니 다

내가주를 사랑합 니다 온마음 다하

여 목 소 리 - 높 여서

우리 위해 오셨네

for S.A.T.B voices, accompanied

Music by 여경미

예 수 는 모 퉁 이

돌 하늘 영 -광 버리 고 오 셨

24

26

네

사 망 권 세 이 기 고

네 주 - 오 셨 네

주 승 리 하 셨 네   우 리 를

살 리 려   오 시 었 네

내가 주님 앞에 나와

for S.A.T.B voices, accompanied

Words by 시편18   *Music by* 여경미

여호와는 나의 목자

for S.A.T.B voices, accompanied

Words by 시편 23

Music by 여경미

40

42

네 - 나의평생
에 선하심이 항상
나를 따르리니

45

왕의 왕께 호산나!

for S.A.T.B voices, accompanied

Music by 여경미

종려주일

54

겟세마네 동산에서

for S.A.T.B voices, accompanied

Music by 여경미

고난

58

60

62

어린 아이 같이

for S.A.T.B voices, accompanied

Music by 여경미

어린이 주일

주님 주신 가정

for S.A.T.B voices, accompanied

Arranged by 여경미

어버이 주일

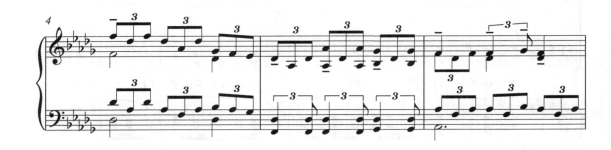

할 렐 루

주를찬 양 소 리높여

주 이름찬 양하여라

주 님주 신가 정

76

는　　　주의　자녀　되게　하소서

79

주의 성령이여

for S.A.T.B voices, accompanied

Words by S. j. Stone, 1866, alt.

Music by 여경미

교회창립, 성령강림

주 의 성 령 이 여 이 곳

에 오 소 서 주 의 영 광 이 여 이 곳 에 임 하 소

83

84

교 회 주 의 나 라 주 님 의 뜻 이

루 게 하 소 서 우 리 를 통 해

이 루 소 서 성 령 이 충 만 한

나의 도움이 어디서 올까

for S.A.T.B voices, accompanied

Words by 시편 121편

Music by 여경미

92

치 못하며너를해 치 못 하 리 라

나 의 도 움 이 어 디 서   어 디 서 올 -

주만을 따라 살면서

for S.A.T.B voices, accompanied

Tune: **BETHANY**
Arranged by 여경미

Words by S. F. Adams, 1841

라 - 내 맘에 소 원 한 가 지

우 - - - - -

내 고 생

주 만 따 르 리 내 고 생

우 - - -

하 는것 옛 야 곱이

하 는것 옛 야 곱이

돌 베 개베 고 잠

돌 베 개베 고 잠

같습니다

같 - 습 니 다

꿈 에 도 소 원 이 늘 찬 송

꿈 에 도 소 원 이 늘 찬 송

하 면서 주 께 더 나 가 기

하 면서 주 께 더 나 가 기

원 합 니 다

원 - 합 니 다

그의 이름 예수!

for S.A.T.B voices, accompanied

Music by 여경미

라　　그의이름　　예　수　　예

수

내 가 너 －를위하

여 －　아들을 －보내노라　　그가

112

113

눈을 들어 산을 보라

for S.A.T.B voices, accompanied

Words by 시편 121편

Music by 여경미

116

천 지 를 지 으 신 주 나 의 도 움 이

라 낮 의 해 와 밤 의 달 이 너 를

해 치 못 하 니 주 께 서

주의 은혜라

for S.A.T.B voices, accompanied

Music by 여경미

125

시편 23편

for S.A.T.B voices, accompanied

Music by 여경미

밭 으로 나를 인도 하시는 도 다 -

내 영 혼소 생 시 키시고 자 기이름 위하

여 - 주 께서의 의 길 로

날 인 도 하 시 도 다 - 주 께 서 나 의 참

목 자 내 게 부 족 함 없 - 도 다 -

사 망 의 음 침 한 골 짜 기 로 다 닐 지 라

134

137

할렐루야 주 찬양

for S.A.T.B voices, accompanied

Music by 여경미

부활주일

142

내 주를 가까이
Nearer, my God, to Thee
for S.A.T.B voices, accompanied

Music by L. Mason
Arranged by 여경미

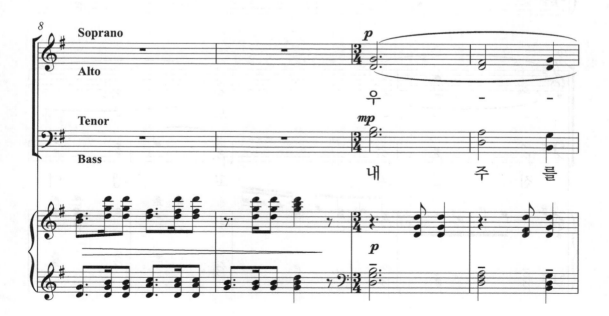

152

같 - 습 니 다 꿈 에 도

소 원 이 늘 찬 송 하 면 서

우 - - -
주 께 더 나 가

156

내가 산을 향하여

for S.A.T.B voices, accompanied

Words by 시편121편

Music by 여경미

내 가 산 을 향 하 여

162

곧 오소서 임마누엘

for S.A.T.B voices, accompanied

Tune: HYFRYDOL
Music by R. H. Prichard
Words by C. Wesley
Arranged by 여경미

구주강림

168

169

170

밝게 빛난 작은 별

for S.A.T.B voices, accompanied

구주강림, 성탄

Music by 여경미

밝 게 빛 난 작 은 별

176

우 - - - -

세 상 죄 를 위 하 여

구 원 의 기 쁜 소 식 을

온 세 상 에 전 하 라

왕의 왕을 맞으라

for S.A.T.B voices, accompanied

Music by 여경미

종려주일

186

왕 의왕 께찬 양 호산 나 호

산 --나 호산 나 호산 --나 호

산 나 호산 --나 큰소 리로 주의

천사들의 노래

for S.A.T.B voices, accompanied

Traditional French Carol
Trans. by J. Chadwick

Tune: GLORIA
Traditional French Melody
Arranged by 여경미

194

부 르 자 -

영 --------- 광을

높 이 계 신 주 님 께   영 ----

전능왕 오셔서

for S.A.T.B voices, accompanied

Tune: ITALIAN HYMN
Music by 여경미

입례

전 능 왕 오 - 셔

서　　　주 여 임 재 하 소 서 주 의 성 령 이

성부 성자 성령께

for S.A.T.B voices, accompanied

입례

Music by 여경미

성부 성자 성령께 예배

드릴지어다 주의 인자 하심과

선하심 영과 진리로   예배

할 지 어 다   성부성 -자 - 성 - 령 -

께 예배하 라   아   멘

우리 기도 들어주소서

for S.A.T.B voices, accompanied

기도

Music by 여경미

우 리 기 - 도

들 어 주 소 - 서 서 주 여

주 　 여 기 도 들 어 주 　 소 서

아 － － 멘 －

주의 기도, 우리의 기도

for S.A.T.B voices, accompanied

기도

Music by 여경미

아멘! 주가 길이 다스리시리!

for S.A.T.B voices, accompanied

축도

Tune: 헨델(메시아)
Arranged by 여경미

아 - - 멘 또

주 가 길 이 다 스 리 시 리 영 원 - 히 주 의

아멘, 주의 인도 따라서

for S.A.T.B voices, accompanied

축도

Music by 여경미

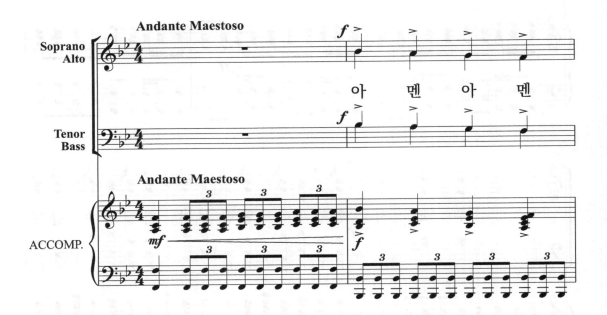

주를 찬양 하면서 살 게

하 소 서 할 렐 루

야

찬양곡집 "내가 산을 향하여"

인 쇄 2024년 11월 1일
발 행 2024년 11월 1일
발행인 강하늘
작 곡 여경미
편 집 최시내
디자인 김애린
발행처 와이즈뮤직
　　　　서울시 노원구 초안산로 19, 302호
　　　　Tel : 1800-9556(전국대표번호)
　　　　출판등록 : 제25100-2017-000060호
　　　　교회음악전문출판 와이즈뮤직
　　　　www.wise21.com

정 가　15,000원